COISAS DA VIDA

HISTÓRIAS E ESTÓRIAS DO COTIDIANO

ÉDIO WILSON

Édio Wilson de Souza Santos

Professor, palestrante, escritor

Cronista e articulista

COISAS DA VIDA

2020

APRESENTAÇÃO

Este livro de crônicas é fruto da insistência de alguns amigos que me convenceram que elas mereciam sair da esfera de um restrito grupo de meia dúzia de pessoas, e serem expostas à apreciação e crítica dos leitores que gostam desse gênero.

São 23 crônicas que tratam de assuntos diversos, algumas são fruto da imaginação, outras retratam situações reais. Elas pretendem levar o leitor a reflexão e em alguns momentos a se divertir pela forma lúdica com que abordam alguns assuntos do cotidiano.

O autor

DEDICATÓRIA

Dedico este livro primeiramente a Deus, que é o dono da vida. A minha esposa Hellem Kerly, que me suporta com tanto amor e paciência durante mais de duas décadas e, com a garra e força própria das grandes mulheres, me incentiva quando estou desanimado, me levanta quando estou abatido..., por quem sou eternamente apaixonado e grato por tudo de bom que a sua presença trouxe a minha vida. E a minha filha Daniela, que foi o melhor presente que já recebi na vida.

Édio Wilson

SUMÁRIO

No início de cada capítulo consta uma frase de autor desconhecido, retiradas do livro "5000 frases famosas" A L Fortes e Marilda Nogueira (Portal123.com).

CAPÍTULO 1

A vida não é curta, nós é que ficamos mortos tempo demais.

A VIDA VISTA DE UM BANCO DA PRAÇA

Ontem fiz algo que há muito não fazia. Sentei-me em um banco da praça e fiquei observando os prédios, os carros e as pessoas. Percebi que a correria do dia a dia, toldaram-me os olhos; e quantas coisas belas e interessantes deixei de ver.

Encantei-me com a convivência harmônica da arquitetura moderna dos edifícios com os sobrados de fachada antiga, surpreendi-me com o número de carros que passavam a cada segundo a minha frente... Então deixei de observar o concreto e o metal, e passei a observar as pessoas.

Comecei a olhar para as pessoas não como uma carcaça de 650 músculos e 206 ossos; tentei ver seus sentimentos mais íntimos e inescrutáveis, comecei a analisá-las como se estivessem em um divã, em frente a um analista; eu.

Vi o rosto cansado de um homem rude, dentro de um ônibus lotado, vi no seu semblante a satisfação de mais um dia vencido e a triste lembrança de que o amanhã será igual ao hoje, para ele os dias só mudam de nome, ou número.

Vi um garotinho diante da vitrine de uma loja de brinquedos, vendo seu sonho através de um vidro; isso cortou meu coração de pai e me remeteu à infância. Vi uma moça com muita vaidade e pouco dinheiro experimentando calçados pelo simples e efêmero prazer de vê-los nos pés; vi um vendedor desolado, ávido por um freguês que lhe garantisse parte do aluguel.

Vi um casal de mãos dadas, pude ver a infidelidade nos olhos daquele homem entediado de um relacionamento monótono. Mais à frente, outro casal, agora de jovens em plena puberdade, andavam fortemente abraçados, ora paravam olhando alguma vitrine, ora entravam em alguma loja, mas sempre abraçados; e abrasados. Culpa dos hormônios.

Vi também uma moça feia julgando-se bela, andava de nariz em pé e remexendo os finos quadris, atraindo olhares e comentários irônicos. Vi também muitas moças bonitas: morenas, loiras, negras, lapidadas à mão, tudo na medida e no lugar certo.

Vi um policial arrogante multando um motorista ingênuo. Nada contra a multa, e sim contra a arrogância. Vi uma ambulância apressada tentando chegar a UTI primeiro que a morte. Não teve êxito, mais uma vez a morte ganhou, o tempo é seu aliado.

De repente ouvi uma buzina; era a minha carona. Entrei no carro, fui para casa e voltei a minha rotina. No dia seguinte, novamente a correria, horário apertado, passos largos, a vida passando rapidamente, e mecanicamente. Bem diferente da vida vista de um banco da praça, carregada de sensibilidade e emoção.

CAPÍTULO 2

A tristeza pode sempre sobrevoar a sua cabeça, mas nunca a deixe fazer um ninho.

COISAS DA VIDA

Era uma família numerosa, do tempo em que as matriarcas não usavam contraceptivo. O casal já octogenário tinha nove filhos, vinte e cinco netos e dezoito bisnetos.

Era uma família de bem com a vida, até que a vida por motivos que eles desconheciam resolveu lhes tratar mal: O filho caçula foi duramente ceifado por um incompetente motorista embriagado, ainda socorrido com vida, não resistiu ao impacto do duro e frio aço sobre sua cabeça repleta de planos e sonhos.

Deixou precocemente a vida, os amigos; a família; a mãe não se conformava, desde então aquela senhora que irradiava alegria, deu lugar a uma pessoa amarga e taciturna.

A saúde de ferro enferrujou, eram dores por todo o corpo e alma, nem o sorriso inocente da bisneta de três anos a alegrava.

Como se fora pouco a perda do filho mais novo, agora foi a vez de seu velho companheiro que há anos lutava bravamente contra o diabetes, infelizmente perdeu a luta e sucumbiu aos 84 anos.

Dona Lola, não via mais graça na vida, era só desgosto; falava pouco, chorava muito, mal comia, vivia sorumbática, às vezes passava horas sentada na velha cadeira de balanço. Ficava com os olhos fixos no horizonte como se estivesse hipnotizada.

Para aumentar a tragédia, o filho mais velho que herdara o diabetes do pai e a hipertensão da mãe, também partiu. Não resistiu a essa combinação fatal.

Passaram-se dois meses e aconteceu o que a família já esperava, a velha matriarca despediu-se da vida, com quem a relação já estava cortada, afinal esta tratara de forma tão cruel alguém que sempre esteve de bem com ela.

Parecia um pesadelo tudo que estava acontecendo àquela grande família feliz, cheia de vitalidade. Partiram os pais, o filho mais novo, o mais velho, e para piorar o quadro, os negócios da família responsável pelo sustento de todo clã ia de mal a pior. Não resistiu à modernidade.

Desatentos às mudanças, não investiram em informática, em recursos humanos, em novas formas de administrar. Achavam que a velha receita que funcionou por décadas funcionaria para sempre. Estavam enganados, e continuar funcionando tornou-se inviável.

Venderam a pequena empresa que durante tantos anos sustentou toda família, e na divisão uns mudaram de ramo, outros mudaram de cidade, outros mudaram de vida.

Cada um tomou um rumo; tentado superar os traumas, atenuar a dor, e continuar a vida. E assim aquela grande e coesa família, agora dispersa; só se reunia ao redor dos ataúdes.

CAPÍTULO 3

As duas coisas mais difíceis de se lidar na vida são o sucesso e o fracasso.

DESEMPREGADO

Jorge vestiu apressado aquela camisa de manga longa que só usava quando ia em casamento, vestiu sua única calça social; pôs o cinto e os sapatos pretos. Arrumou-se cuidadosamente em frente ao espelho; respirou fundo e saiu para mais uma entrevista de emprego que achou nos classificados.

São seis meses de desemprego. Repete todos os dias o mesmo ritual: acorda cedo, currículo na mão, visita o maior número possível de empresas em busca de uma oportunidade; o nível de escolaridade não ajuda; a idade não está ao seu favor, mas persistente, luta como um guerreiro.

Aguarda impaciente na sala de espera decorada com mau gosto, e tenta disfarçar seu nervosismo lendo uma revista de futilidade, suas mãos suam, as pernas tremem, sente um incômodo frio no estômago. Olha repetidas vezes para o relógio de baixa gama.

Preocupado com a aparência, pergunta a secretária onde é o banheiro, a fim de conferir o visual. A moça, aparentando 20 anos, saia justa e curta, mascando vulgarmente um chiclete aponta para uma porta a esquerda.

Ajeita a gola da camisa, passa um pente nos cabelos, dá uma conferida nos dentes para ver se estão limpos; ensaia diante do espelho como cumprimentar seu algoz. Com o visual conferido, volta para a sala de espera.

Dois candidatos ao emprego entram na sala, se preocupa com os concorrentes mais jovens e bem vestidos. Escuta atentamente a conversa dos dois, e percebe que se expressam melhor que ele. Sente-se inferior, e no seu íntimo já sente a vaga escapar por entre os dedos.

A secretária se levanta e convida-o a entrar abrindo gentilmente a porta. Entra humilde na sala mal iluminada e com um ventilador girando lentamente no teto. Um senhor sisudo e calvo o cumprimenta sinalizando com a mão para que sente na cadeira em frente.

O entrevistador começa falando sobre o emprego: atribuições, salário, escolaridade, faixa de idade... Mais uma tentativa frustrada; não se encaixa no perfil desejado.

Anda pelas ruas sem rumo, macambúzio, é um desânimo só. Dobra as mangas da camisa, abre o botão perto do pescoço, respira fundo como que tentando tomar fôlego para continuar.

Passa em uma banca e compra um jornal, senta-se num banco da praça, abre nos classificados e atento como um garimpeiro a procura de uma pedra preciosa, procura sem sucesso por seu tão sonhado emprego.

CAPÍTULO 4

A exibição de símbolos de status costuma ser o resultado de pouca autoestima. A pessoa autoconfiante pode se permitir projetar uma imagem modesta.

ESSES ADOLESCENTES!

Se o caro leitor tem filho adolescente, certamente compartilha comigo das mesmas preocupações e cuidados; principalmente se o adolescente em questão for do sexo feminino. Que é o meu caso.

Apesar de quarentão, tento ser um pai moderno, não implico com o comprimento do short, não ligo quando a ouço falar de algum "gato" da mesma sala; não ponho o ouvido na porta do quarto quando ela está trancada com suas amiguinhas. Porém de um tempo prá cá tenho andado preocupado com o universo digital. A menina não desgruda do computador.

Um dia desses, resolvi dar uma fuçada no PC, fi-lo com a intenção de rastrear alguma conversa suspeita, algum site impróprio para garotas na puberdade, alguma foto de artista sarado com pouca roupa. Não encontrei nada. Apenas a foto de um garoto loirinho chamado Matheus. Suponho tratar-se de um coleguinha da mesma sala de aula, e com esse nome de apóstolo, ainda mais com "th"; deve ser inofensivo.

Quem não tem filhos nessa fase, talvez me condene por essa invasão de privacidade; mas quem os tem, certamente será tolerante e solidário comigo, pelo menos entenderá a minha boa intenção.

Certo domingo estava estirado preguiçoso no sofá vendo um programa de futilidade, e ela, como sempre, movendo os dedinhos freneticamente no teclado e olhos atentos na tela. De repente alguém gritou seu nome, e ela saiu para a casa da vizinha de mesma idade. Não resisti e corri para ver o que estava na tela do computador.

Fiquei assustado com o que vi. Era um diálogo entre ela, que tinha um pseudônimo terminado em diminutivo, e alguém que não tinha nome, mas uns símbolos suspeitos que fiquei tentando decifrar. Tinha dois parênteses, dois acentos circunflexos, traço, asteriscos. Fiquei desconfiado com aquele código.

O diálogo era quase todo monossilábico, engolia vogais, ignorava pontuação, e desferia golpes mortais na gramática:

- e aí td bem?

- td

- vc vai saí hj?

- naum

- pq?

- Naum kero

- entrou no face hj?

- naum

- vc vai fiká em ksa?

- axo q vou

- blz...

- ...txau

O diálogo parecia inofensivo, mas fiquei preocupado com o tal símbolo que aparecia no lugar do nome. E se fosse um pedófilo? ou alguém mal intencionado fazendo-se passar por um adolescente?

Tentei decifrar o código: abre parênteses é a mesma tecla que o número nove no teclado, acento circunflexo é a mesma tecla do número seis, fecha parênteses é a mesma tecla do zero. Devia ser um número de telefone camuflado: 9660; mas e outros símbolos? Seria o prefixo do telefone?

Como sou formado em Matemática, fiquei fazendo combinações, deduções com aqueles números e códigos; dignos do Código da Vinci. Quebrei a cabeça por horas. Aquele ato de espionagem estragou o meu dia, me tirou do ócio dominical; e me pôs uma pulga atrás da orelha.

Continuei a investigação sigilosa por dias. Minha esposa me ajudou como Watson a Sherlock Holmes. Não tivemos sucesso nessa empreitada. Fiquei decepcionado com minha falta de habilidade matemática, duvidei do meu QI de três dígitos.

Dado ao fracasso da investigação; resolvemos chamar a nossa filha e em tom grave, porém amoroso, pedimos explicações: Quem é essa pessoa que vive teclando com você e não se identifica por nome, mas por esse código estranho? Sua resposta nos deixou com cara de idiotas, e rolamos no chão de tanto rir.

Esse símbolo é a metida da Bruna, aquela loirinha da minha classe; que se acha a tal, e diz que é uma gatinha. Disse-nos ela entortando a boca em tom de desdenho.

Então desarmados, olhamos sem malícia para o símbolo. Não é que realmente ele reproduz o rosto de uma gatinha!

 ^   ^
(* _ *)

Esses adolescentes!!!!!!

CAPÍTULO 5

Até um relógio parado em razão duas vezes ao dia.

FRIA E FINA FESTA

Ontem fui a uma festa; festa de bacanas: políticos, juízes, desembargadores; socialites, e gente comum como eu, que estava ali por força do acaso ou do parentesco.

As mulheres estavam impecáveis em seus vestidos longos e salto alto. Parecia a entrega do Oscar. Os vestidos com muito brilho (embora ainda fosse dia), os cabelos armados, sustentados por laquê, muitas joias e imitações...

Contrariando toda a elegância, surgiu no corredor uma bela loira apertada em um vestido magenta revelando as costas e as curvas. De saltos finos e altos, andava bailando suavemente. Os cabelos dourados balançavam com sincronismo.

Estava um pouco acima do peso; mas estava muito bonita. Passeava de um lado para outro querendo chamar a atenção. E conseguiu!

Era uma solenidade do judiciário; o prédio imponente, o salão amplo e sóbrio com seus móveis de madeira escura trabalhados por exímio artesão; os corredores compridos e largos onde as pessoas que não couberam no salão conversavam sobre futilidade.

A sobriedade dos homens de ternos escuros e mulheres elegantemente vestidas, mais uma vez foi quebrada por outra loira, esta de saia curta e transparente. Era ainda mais bela e jovem que a primeira. As mulheres, na maioria de meia idade, olhavam com indignação e inveja; os homens, com curiosidade e cobiça.

Eram as únicas pernas à mostra naquele ambiente, e essas bem torneadas e esguias convidavam os olhos mais castos a mirá-las. Os olhos aceitavam o convite e agradeciam. Era uma bela visão.

A cerimônia demorou muito, os discursos longos com linguagem rebuscada, despertavam em alguns, admiração; em outros, tédio. Dava para distinguir claramente os dois sentimentos no rosto e na atitude das pessoas.

Alguns olhavam insistentemente para o relógio, como que querendo mover os ponteiros com a força do pensamento; outros, menos polidos, bocejavam sem sequer disfarçar.

Horas depois, finalmente encerrou a cerimônia. As pessoas se apertavam para cumprimentar falsamente os homenageados que sequer conheciam, outros tiravam fotos com sorriso forçado.

Embora estivesse rodeado por pessoas do meu convívio, senti-me deslocado e triste com a frieza daquele prédio de chão de granito e esquadria de alumínio, e principalmente com a frieza das pessoas que ali estavam.

Tudo parecia artificial: o excesso de maquiagem, as roupas alugadas, a linguagem empolada, as joias emprestadas... Menos as loiras, que deram um toque de humanidade àquele lugar.

CAPÍTULO 6

A primeira metade de nossas vidas é arruinada por nossos pais; a segunda, por nossos filhos.

HORIZONTE F.C.

É domingo, o Horizonte Futebol Clube se prepara para mais um jogo em algum lugarejo de nome esdrúxulo. As pessoas entram rapidamente no ônibus disputando um lugar na janela. Alguns privilegiados, vão de carro próprio um pouco mais novo que o ônibus da década de 60.

O ônibus é só animação! A maioria canta eufórica um pagode do momento, usando o teto e o encosto dos bancos como bateria. Outros tentam inutilmente conversar mais alto do que a música; os demais viajam em silêncio observando a paisagem pela janela.

Chega enfim ao destino. O campo de pouca grama desanima o goleiro, os buracos feitos pelo gado que se apropria do gramado quando ele está ocioso (o que é comum) assusta os jogadores.

Os torcedores procuram a melhor posição à beira do campo, enquanto a garotada procura algum rio para tomarem banho, ou algum pé de fruta da estação para se empanturrarem e levar para casa. Os metidos a galã procuram alguma moça ingênua para namorarem.

O juiz de bermuda jeans e camiseta; faz pose para dar o apito inicial. Começa o jogo sob o som do grito animado da torcida. Passam-se 15 minutos e quase não há mais torcida, nem ânimo, nem grito... nem jogo, só 22 pessoas tentando domar a bola.

A torcida espera ansiosa o intervalo para comer um sanduíche de pão com mortadela no boteco estrategicamente montado à beira do campo, e/ou fazer suas necessidades fisiológicas no WC unissex.

Termina o 1º tempo, inicia o 2º; e o jogo transcorre sem emoção. De repente a monotonia é quebrada por uma falta fora do lance; os jogadores se aglomeram no local tentando evitar uma briga. O juiz tentando mudar os adjetivos utilizados pela turba, e evitar que sua mãezinha seja citada mais uma vez; expulsa o agressor tentando impor respeito.

O jogo termina sem motivos para comemoração, sem vitória, sem gol; sem dribles bonitos, mas não importa. As pessoas entram novamente no ônibus brigando pelo lugar na janela, começam novamente a cantar um pagode... e domingo que vem tem mais.

CAPÍTULO 7

A velocidade só faz sentido se você estiver na direção certa.

autor desconhecido

INFELIZ ANIVERSÁRIO

"Parabéns prá você, nesta data querida..." Washington está completando mais um ano de vida, seu quinto ano. As crianças se amontoam ao redor da mesa de fórmica azul disputando uma posição privilegiada perto do bolo de glacê gorduroso.

A sala é pequena para abrigar a vizinhança que não para de chegar com seus presentes mal embrulhados; e em grupos vão se alojando pelos cantos e corredores da pequena casa.

A sala está toda enfeitada com decoração de mal gosto. Até o nome do aniversariante foi escrito errado; esqueceram da letra "g". Mas nenhum convidado reparou nesse detalhe.

Os pais capricharam no figurino: ele com barba escanhoada e cabelo bem esticado tentando inutilmente ocultar a calvície, camisa e calça social que só usa em ocasiões especiais; ela cascavelando desajeitada com saltos de 10 cm. O vestido apertado revelava as adiposidades da última gravidez.

Os refrigerantes de pouco marketing, gelam em barris e caixas de isopor com gelo e pó de serra, enquanto são aguardados ansiosamente por crianças gulosas, e adultos sedentos.

Os parentes vieram de longe; até mesmo aquela cunhada metida a grã-fina com sua maquiagem carregada. Sentada no sofá; a avó do aniversariante aguarda cochilando a hora de partir o bolo para comer um pedaço.

Os homens, frustrados pela falta de álcool, conversam sobre futebol e mulher, isolados em um canto do lado externo da casa.

As crianças menores correm feito loucas brincando de pique dentro e fora da casa, irreverentemente esbarrando nos convidados, gerando comentários acerca de seus pais. Um menino de um ano chora alto com voz esganiçada incomodando a todos; menos a mãe que parece ter os ouvidos acostumados àquele som estridente.

É sábado, já passa das dezenove horas, e a mãe ainda espera a chegada de parentes. Alguns convidados protestam em voz baixa por estarem perdendo a novela das sete, outros porque ainda não jantaram, outros por que se atrasarão para um compromisso depois dali...

Já passa das 21 horas quando a mãe de Washington convoca os convidados para o partir do bolo. Chega então o momento esperado por todos: as luzes se apagam, a vela do bolo é acesa, e todos desafinados cantam "parabéns prá você". Um engraçadinho tenta cantar em inglês.

O garoto sopra com força a vela azul com o número cinco. Ela ascende de novo, e ele enche os pulmões para soprar mais forte. A desobediente vela insiste provocar Washington, que então faz um movimento para trás como que querendo tomar fôlego para dar o golpe final.

A vela apaga, mas quando as luzes se acendem, uma surpresa: entre risos e decepção, todos observam o pequeno Washington deitado em cima do bolo vencido pela insistente vela acesa.

CAPÍTULO 8

A verdade não dói, o que dói é a resistência em ouvi-la.

JÁ NÃO SE FAZ MAIS INFÂNCIA COMO ANTIGUAMENTE!

Ainda se faz criança como antigamente, felizmente o velho, prazeroso e bíblico método não mudou, mas já não se faz mais infância como antigamente.

Essa constatação não é mero saudosismo de alguém que teve uma infância simples e feliz, nem uma visão escatológica de um alienado, nem a análise de uma mente retrógrada que culpa o progresso e a tecnologia por todos os males do mundo; nem a queixa de um pessimista turrão.

Mas atualmente a sociedade tem exigido tanto dos pequeninos: cursos de idiomas, curso de música, informática, ballet, judô, vestibulinho... Sem contar a parafernália tecnológica que eles são induzidos e seduzidos a ter. E a melhor e mais bela fase da vida tem sido desperdiçada com essas demandas.

Criança tem que ser criança, agir como criança, vestir-se como criança, ser irresponsável, livre, autêntica, criativa, ter ócio para sonhar.

Alguns culpam a escola que não cumpre seu papel, outros a ausência dos pais que passam mais tempo no trabalho do que com os filhos, ou ainda a televisão que aliena com os seus enlatados. Mas procurar culpados não resolve o problema.

Precisamos urgentemente resgatar a infância, precisamos desgrudar os pirralhos do vídeo game, do computador, da televisão; precisamos tirá-los dos quartos dos apartamentos e levá-los para o quintal.

Que me perdoem os pediatras, mas nossas crianças precisam andar descalças, pisar no chão, sentir o contato com a terra, precisam nadar nos rios sem o cloro das piscinas dos clubes e dos condomínios.

Temos que levá-las para jogar bola de gude no chão, rodar peão, brincar de garrafão, de queimada, de bandeirinha, de pique de esconder; precisam se sujar de terra, cair, se machucar, para no futuro olhar para as cicatrizes e ter boas lembranças das brincadeiras entre amigos.

Precisamos ensinar os pequeninos a fazerem carrinho com lata de óleo e rodas feitas de borracha de sandália havaiana, precisamos ensiná-los a fazer cata-vento com palito de picolé e folha de caderno, fazer perna de pau com ripas de madeira, fazer pipa...

Brinquedo bom, não é brinquedo caro. Brinquedo bom é aquele que faz a criança sonhar, criar estórias, personagens, viajar no tempo com as asas da imaginação.

Adultos! Resgatemos a infância, a começar por nossos filhos. Se você pode dê o vídeo game, mas dê também o estilingue, ou melhor, faça com ele o estilingue com mangueira de soro e forquilha cortada de um arbusto qualquer.

Dê se puder o PC mais veloz, mas ensine-o a jogar malha derrubando latas de óleo com um pedaço de pedra. Compre o carrinho movido a controle remoto, mas faça com ele o carrinho de madeira.

Jogue futebol com seu filho no vídeo game, mas também jogue no campinho ou na quadra, onde as pessoas não são virtuais; são pessoas de carne e osso.

Façamos isso, e o futuro nos agradecerá, pelos adultos criativos, versáteis e felizes que nossos filhos serão.

CAPÍTULO 9

A capacidade de tolerância dos oprimidos provém da sua ignorância das alternativas.

autor desconhecido

ZÉ BRASIL

São 5 horas, a cidade dorme e ele já acorda, faz sua marmita com o que sobrou da janta, toma seu café com pão e margarina, beija as crianças encolhidas em seus catres, e sai.

Com os olhos avermelhados de sono e miopia, anônimo, observa tudo pela janela do coletivo; vê seu passado nas crianças andrajosas esbarrando no vidro elétrico, vê seu presente nos esqueletos dos edifícios; não vê futuro. Vê seus sonhos passarem a 80 km/h.

Às 7 horas chega ao trabalho, repete mecanicamente cada tarefa, passeia com malabarismo invejável sobre as tábuas, seu pensamento divaga enquanto mexe a argamassa.

Vê a cidade de cima, sente-se o dono do mundo; as pessoas parecem miniaturas movendo-se freneticamente lá embaixo, seu olhar se perde sobre o topo dos prédios.

Entre uma fiada e outra de lajota, canta desafinado uma faixa do seu CD de pagode; as lembranças o incomodam. Taciturno, deixa de lado o prumo e os pensamentos.

Volta-se então para a dura rotina: tarefas monótonas e pesadas, o mestre de obras sisudo procurando uma vítima, os mesmos rostos, os mesmos assuntos.

Às 11horas pára, lava as grossas mãos calejadas e sujas de cimento, esquenta a marmita em uma caixa de madeira com uma lâmpada incandescente, tira o boné da cabeça e agradece a Deus pela comida.

Após o almoço reclina em um canto usando tábuas como colchão, e sacos de argila como travesseiro. Acorda meia hora depois, despertado por um companheiro de trabalho; levanta reclamando de dor na região lombar.

Retorna às suas tarefas torcendo para que o expediente termine, sua escoliose incomoda e a cabeça dói pela falta de óculos.

Mas de repente se alegra ao lembrar que hoje tem jogo do seu time; nem este tem trazido alegrias, perdeu a última partida com um gol aos 45 minutos do segundo tempo. Culpa do juiz é claro, impedimento visível.

Espera ansioso o cair da tarde para ver o futebol e os filhos, tomar sua dose de cachaça com limão no bar da esquina, levar para casa cerveja e torresmo.

Seus planos foram frustrados: por força do destino, e do andaime, naquela tarde José deixa de ser um probo pai de família e passa a ser uma estatística. Caiu do 10° andar do prédio em construção.

CAPÍTULO 10

A gente tem a mania de querer tirar da cabeça aquilo que está no coração.

autor desconhecido

MARIA DOIDA

Maria é uma mulher acostumada com o trabalho. Lavar, passar, cozinhar, e todas as demais atividades que envolvem a monótona vida doméstica.

Morando junto com a mãe já idosa, de quem cuida com todo zelo, assim é a vida dessa mulher; que é tudo: cozinheira, passadeira, lavadeira... menos mulher.

Não tem estudo nem vaidade, nem a lembrança de um antigo namorado ou expectativa de um futuro pretendente. Embota seus desejos de mulher, sufoca seus planos de formar família, não vive, vê a vida passar.

Seus únicos prazeres se resumem a tragar um cigarro feito com fumo de rolo que ela corta com o canivete e enrola em uma palha de milho bem seca, e a beber pequenas doses de aguardente no final do exaustivo dia de trabalho doméstico.

Os anos passam rapidamente, e sua vida continua monótona e sem emoção, a mãe agora bem mais velha e mais dependente de sua ajuda. Ela também mais velha, agora exagera nas doses de aguardente, e como em um protesto por sua vida recatada, recebe em casa um sujeito que lhe mantém o copo cheio e, profere palavrões constrangedores, seguidos de sonoras gargalhadas.

Outros companheiros de copo vieram; a casa agora vive cheia de desocupados bebendo e cantando pagode usando latas como tambor. Vez ou outra começam a brigar por algum motivo banal, e agridem-se verbal e fisicamente.

Os vizinhos reclamam, se trancam, tentam demonstrar indiferença, outros inutilmente tentam calar sua voz com palavras moralistas. Tudo inútil, ela grita mais alto toda sorte de nomes vulgares.

De repente se cala, acho que dorme, tranca as portas e janelas, se recolhe num silêncio surpreendente. No dia seguinte lava, passa; cozinha, cuida da mãe anciã, trafega na rua de cabeça baixa timidamente como que envergonhada pelos seus atos.

Assim é a vida de Maria doida, como a de muitas outras "Marias", que só não são doidas por falta de aguardente.

CAPÍTULO 11

A estupidez é infinitamente mais fascinante do que a inteligência. A inteligência tem seus limites, a estupidez não.

autor desconhecido

NA FLOR DA PELE

Desde pequeno, Cosme conviveu com a discriminação. A pele escura como a noite, nariz largo, lábios e olhos grandes. As outras crianças com dotes mais generosos e harmônicos o apelidavam com os nomes mais pejorativos: macaco, tição, urubu... elogio só no futebol, quando então era chamado de Pelé.

Cresceu assim, cheio de traumas e complexos, na escola ficava isolado ou com amigos que sofriam do mesmo "mal", na rua até se dava bem com os colegas, pelo menos até discutirem por algum motivo banal, quando então começavam os adjetivos, os gritos e os socos.

A adolescência não foi muito diferente, os mesmos apelidos, os mesmos traumas, o complexo de inferioridade agora agravado pelas espinhas no rosto e a falta de namorada. Invejava os colegas que tinham roupas melhores, pele mais clara e traços mais suaves.

Mas Cosme cresceu, trabalhou no sub-emprego; serviu o exército, a genética o agraciou com um físico invejável, o desejo de ser alguém fez com que estudasse mais dos que qualquer jovem de sua idade. Mesmo com o histórico de escola pública, passou no vestibular da Universidade Federal, estudou com afinco e se formou.

Foi um aluno brilhante, visto que ocupava seu tempo com sonhos e estudo. Já saiu da Universidade bem empregado e se destacou na sua profissão, casou-se com uma colega de sala.

Com muito esforço virou doutor, admirado por todos, os adjetivos mudaram, vez ou outra era chamado até de moreno. Superou seus traumas, assumiu sua negritude, tentava impor respeito através do currículo, da bela casa, do carro importado.

Teve dois filhos lindos fruto da mistura de raças. Pele clara, nariz afilado, cabelos castanhos e lisos. A bela casa vivia cheia de amigos da mesma estirpe. Era um homem realizado.

Certa manhã Cosme se entristeceu muito com a cena que presenciou: Seu filho de 07 anos gritando com o filho de jardineiro, utilizando os mesmos adjetivos que Cosme ouvira durante toda a sua infância.

CAPÍTULO 12

A pior solidão é aquela que se sente na companhia dos outros.

autor desconhecido

NADA SE CRIA; TUDO SE COPIA!

Hardware, software, flicker, site, link... Estas palavras são corriqueiras no vocabulário de qualquer garoto ainda imberbe de camiseta com logomarca, bermuda até os joelhos e tênis Nike.

E o que dizer das mocinhas ainda impúberes. Sim, mocinhas; pois chamar de adolescentes é ofensa. Todas uniformizadas e com seus cortes de cabelo à novela das oito, e com vocabulário corrente da novela Malhação.

Nos quartos, posters de garotos loiros de olhos azuis, que também figuram nas capas dos cadernos e fichários de escola; ou então alguma cantora adolescente americana com umbigo de fora e pircey no nariz.

O vocabulário é rico em gírias e frases usadas por algum personagem do meio artístico. Ferem de propósito a língua culta.
Nós porém, emancipados, que já passamos da casa dos vinte, não estamos imunes a essa coisa enlatada que nos empurram goela abaixo.

É a senhora de quarenta e muitos, que jura de pés juntos ter trinta e poucos, e não mostra a identidade nem com 765 na cabeça, chega na costureira e pede um modelito igual ao de "Fulana". Por fulana, traduz-se atriz de novela da Globo.

E nós, homens, latinos, machões, também somos vítimas da mídia, dos modismos, dos paradigmas; ninguém escapa, independente de idade, cor, sexo, nível cultural.

Vez ou outra estamos repetindo expressões televisivas, cortando o cabelo igual ao de algum artista, nos vestindo como alguém famoso...

No meio empresarial, emprega-se com frequência a palavra *benchmarking*, que quer dizer: copiar de alguém algo que deu certo. Puro eufemismo; mas em inglês, é mais chique, soa melhor, parece intelectual.

Será que existe uma panacéia para esse mal que corrói nossa vontade, solapa nossos princípios? Essa doença contagiosa, hereditária, que se transmite pelo "ar", ou se estiver "fora do ar", pela "saliva" ou pelo "contato".

Há quem diga que há um remédio. Algumas gotas de amor próprio, dissolvidas em mais ou menos 1,70m de autoestima, e uma pitada de um pózinho chamado bom senso.

A dosagem é de acordo com o grau da infecção. Ah! pode copiar a receita.

CAPÍTULO 13

A maior de todas as ignorâncias é rejeitar uma coisa sobre a qual você nada sabe.

autor desconhecido

NOITE DE SEXTA-FEIRA

É sexta-feira, final de expediente, e quatro amigos se reúnem em torno da mesa de um bar para colocar o assunto em dia, beliscar algum aperitivo e beber alguns copos de cerveja.

Nos pratos porções variadas, no copo cerveja gelada, na conversa: mulher, futebol, trabalho, economia, política... após o terceiro copo, todos viram especialistas nessas áreas. Filosofam, formulam teorias, apresentam soluções simples e definitivas para todo e qualquer problema.

No futebol, condenam os técnicos de seus times com substantivos próprios de um quadrúpede. Escalam o time, mudam o esquema tático, vendem e compram jogadores, justificam a derrota, apontam o segredo da vitória, não se conformam com o empate.

Reclamam da firma, zombam do colega de trabalho magricela e desajeitado, riem da barriga do chefe carrasco, suspiram com a beleza refinada da chefe do departamento de recurso humanos. Reivindicam aumento, reconhecimento, melhor tratamento, mais investimento...

Ouvem as notícias econômicas e, revoltados com a incompetência dos tecnocratas, apresentam teorias econômicas eficazes que solucionariam todos os problemas brasileiros nessa área.

Pagam dívida externa fabricando mais papel moeda, elevam o salário mínimo a patamares europeus, aumentam as exportações aumentando a produção, reduzem as importações produzindo tecnologia. Resolvem tudo de forma simplista e factual.

Para quebrar a aridez do assunto, auxiliados por uma morena de curvas generosas que sentou a mesa em frente, começam a falar de mulheres; não das suas mulheres que estão em casa ou a caminho, mas daquelas intangíveis, que só são tocadas por eles na página de uma revista ou na tela da TV.

Promovem um concurso para escolher a mais bonita dos pés à cabeça, vista de todos os ângulos, sobretudo analisam aquela parte que é a preferência nacional. Enumeram as dez mais belas.

De repente toca um celular. O filho de 4 anos de um deles está com febre de 39 graus, outro se lembra que é seu aniversário de casamento, outro toma um susto ao lembrar do jantar em família na casa da sogra, bodas de ouro.

Despedem-se rapidamente e cada um toma uma direção. Apenas um deles fica assentado à mesa: não tem sogra, nem filho, nem casamento. Pede mais uma cerveja, e solitário sonha com a 1ª do ranking de mulheres que elegeram.

CAPÍTULO 14

Amizade multiplica as alegrias, e divide as tristezas

autor desconhecido.

O BRASIL FICA NA ÁFRICA?

É domingo, tempo chuvoso, e "Seu" Alcides está sentado preguiçoso em sua confortável poltrona predileta, ainda de pijamas apesar de já passar das 10 da manhã, óculos na ponta do nariz; lê atentamente o jornal do dia bebendo vagarosamente uma xícara de café com leite.

A casa é um silêncio só; todos curtem o ócio dominical dormindo até mais tarde, embalados pelo som da chuva caindo generosa no telhado colonial. Até o gato da família se espreguiça sonolento no tapete da sala.

De repente essa tranquilidade é quebrada por um pirralho de oito anos, que com a vitalidade própria da idade, entra correndo na sala e liga a televisão apressadamente. O avô o repreende em tom grave.

João Pedro muda inquieto os canais da TV a cabo procurando algo interessante; aperta freneticamente os botões do controle remoto. Fica frustrado com a programação de domingo. De repente pára em um canal de noticiário, e observa atentamente as notícias. De súbito volta-se para o avô e dispara:

- Vô, o Brasil fica na África?

- Claro que não responde o avô sem desgrudar os olhos da página de esportes.

- Mas na África tem muita pobreza, não tem?

- Sim, meu filho, tem muita. Responde o avô paciente.

- Vô; na África tem um montão de crianças descalças e sujas nas ruas, não é "vô"?

- Tem bastante, responde Seu Alcides enquanto vira a página do jornal.

O menino se cala, processando as informações.

- "Vôoooo", lá morre muita gente que leva tiro, não morre?

- Sim, responde o avô agora monossilábico, tomando em seguida um gole de café com leite.

- "Vôooo"?

- Que é menino? Responde "Seu". Alcides impaciente pela interrupção.

- Na África tem muita gente preta não tem?

- Claro que tem, de lá vieram os escravos. Você não aprendeu isso na escola?

- É aprendi. Mas vô, lá tem muito político safado não tem?

- Tem sim João Pedro. Agora me deixe ler o jornal em paz.

Esperto, o garoto percebe a irritação do avô. Toda vez que ele fica nervoso o chama pelo nome composto. Mas correndo o risco de uma bronca, diz:

- Mas no Brasil tem tudo isso "vô". Tem certeza que o Brasil não fica na África?

A irritação deu lugar a um largo sorriso e "Seu" Alcides deixa de lado o jornal e abraça o neto, orgulhoso pela sua inteligência. Apesar de não ser muito bom em Geografia.

CAPÍTULO 15

A consciência tranqüila é o melhor remédio para insônia.

autor desconhecido

O MÉDICO E O MATUTO

Numa cidadezinha típica de interior, daquelas em que todos são compadres e ainda se nasce de parteira; uma família enfrenta um sério problema.

Por falta de televisão e de conhecimento, e pelo fato do ventre ser mais fértil que a terra; eram muitos os filhos, e poucos os recursos. Destarte, resolveram buscar ajuda em um médico que atendia no posto da cidade uma vez por mês.

Era um rapaz recem formado buscando autoconfiança. "Seu" Quincas entra no consultório e direto como de costume diz:

- Dotô, eu vim aqui pruque minha muié qué pará de ficá prenha.
- Vocês conhecem algum contraceptivo? Pergunta o médico em tom pomposo.
- Não sinhô, nóis somos gente de bem, e eu num cunheçu niguém que seja contra isso que o sinhô falô.
- Eu quis dizer se o senhor sabe algum método para evitar a gravidez.
- Ah bão! Cunheçu a piula; a muié inté tomô uma caxinha, tomava uma piula pur semana, mas num funcionô.
- E o DIU?

- Ele vai bem, tá quase du meu tamanhu, e é sapeca que só ele.

- Entre a impaciência e a tolerância, o médico pergunta: - E a camisinha?

- O sinhô gostô? Comprei na capitá, numa loja perto dum armazém, no dia do casamento da Rosinha fia do cumpadre Sivirino.

- Frustrado e surpreso com tanta ignorância, e na esperança de se fazer entender, o jovem esculápio faz a última tentativa:

- O senhor já ouviu falar de tabelinha?

- Dotô, eu inté gostu de futebol. Mas e o meu pobrema? Nóis num saimu do lugá.

- Impaciente com o paciente, o médico já de pé e com a porta entreaberta, pensa em voz alta:

- O jeito vai ser ligar as trompas.

- Oia aqui dotô, nas minhas trompa ninguém vai por a mão não, e o sinhô num vai ligá nada nela. Inté.

-

- Revoltado com Hipócrates, contudo motivado pelo sonho de ter seu nome nos jornais e trabalhar em um sofisticado hospital de um grande centro; o doutor chama o próximo paciente.

CAPÍTULO 16

A ausência é para o amor o que o vento é para o fogo: apaga o pequeno e aviva o forte.

autor desconhecido

OLHA O PICOLÉ!

"Olha o picolé!" Este era o grito mais esperado pelas crianças da Rua 12. Todos os dias um senhor grisalho, magro e de rosto sereno passava pela rua com sua caixa de isopor, parando em frente de cada casa com o tão esperado picolé cremoso.

Morador antigo de uma das extremidades da Rua 12, quando ia para casa almoçar seu percurso era interrompido por dezenas de crianças que ao mesmo tempo pediam os seus prediletos: Vê um de côco, prá mim de abacaxi, o meu é de uva... "Seu" Velozo com a paciência de sempre e um sorriso nos finos lábios atendia a todos.

Alguns que perdiam o horário de "Seu" Velozo passar, corriam em sua casa. Ele mandava que qualquer um entrasse, e ali sentado em seu banquinho de madeira com um prato de comida na mão, parava de almoçar, abria a velha caixa de isopor e atendia com toda a educação os inconvenientes fregueses.

Eu cresci naquela rua; e todo dia apreciava e, quando tinha alguma moeda participava daquela cena. Moeda na mão, ouvidos atentos, e quando ouvia o grito daquele ancião, corria ao seu encontro com toda velocidade para ser o primeiro a fazer o pedido. Cada dia um sabor diferente.

Um dia aconteceu o inevitável, o tempo insensível e cruel, silenciou aquele grito que era a alegria de todas as crianças da Rua 12. Dentro da urna, aquele mesmo rosto gentil, lívido, sulcado pelo tempo, as mãos enrugadas e generosas que nos alegravam quando eram estendidas segurando o nosso picolé; agora imóveis e entrelaçadas sobre o abdômen.

Lá se foi o "Seu" Velozo, e com ele uma parte de nossa infância. Outros repetiram o mesmo grito: "Olha o picolé!" Mas não era a mesma coisa, não eram moradores da Rua 12, não tinham aquele rosto sereno, aquele sorriso gentil, aquela paciência de quem já correu muito na vida e agora não tem mais pressa.

Depois que o "Seu" Velozo partiu, chupar um picolé nunca mais foi a mesma coisa, os picolés não tem o mesmo gosto, pois perderam um ingrediente que só ele tinha.

CAPÍTULO 17

A escola é uma instituição financeira que vende diplomas, o aluno é o consumidor interessado em comprar o diploma, e o professor é o cara que quer atrapalhar a negociação.

autor desconhecido

RETRATO DE UMA AULA

São 7 horas quando uma bela moça escondida atrás de grossas lentes aparentando mais idade do que tem, entra de forma célere na sala com papel em ambas as mãos.

Após um ruidoso, porém uníssono bom dia, exclamado em coro por 30 crianças ávidas por aprender, começa logo a aula.

Berenice, como ela mesma diz: virou professora por acaso. Começa a aula já pensando no término. Pega o giz e freneticamente começa a copiar no quadro a matéria de seu caderno de dois anos atrás.

O silêncio lúgubre dos alunos tentando acompanhar a velocidade da escrita é cortado por uma curiosa menininha que ainda omite e troca fonemas: *fessora, porque inzisti chuva?* Berenice, tentando ocultar sua insegurança e sua falta de conhecimento de Física, responde com atitude medieval: Chove porque Deus manda chover.

Reverentes diante daquela que sabe tudo, surge mais uma pergunta vindo de um rostinho sardento: professora como é que a gente nasce? Ontem eu vi uma mulher com um barrigão e mamãe disse que tinha um bebê lá dentro. Ruborizada, e sem conhecimento prático da matéria, Berenice eleva o tom de voz impondo sua autoridade: Crianças queiram copiar a matéria, isso não é assunto para vocês.

Calados, todos copiam a matéria como soldados sob o comando superior. Bate o sinal e a porta é estreita para dar vazão àquela turba rumo a pátio, ávidos pela merenda.

Bate o sinal, e todos voltam para a sala de aula saciados, porém com fome e sede de aprender.

No dia seguinte tem prova. Prova que mais parece uma armadilha, com perguntas ambíguas e problemas intricados, fugindo assim ao seu propósito que é a verificação da aprendizagem.

Os dias parecem iguais. Perguntas originais, respostas evasivas, teste que não testa, prova que não prova, aprende-se a decorar e não se aprende a aprender, nem a apreender.

Inicia um novo ano letivo. Muda-se de sala, muda-se de turma, muda-se de série, muda-se de ano, muda-se de livro, muda-se de professora... só uma coisa não muda: Essa caquética e ineficiente forma de fazer Educação.

CAPÍTULO 18

A angústia é o preço que se paga pela lucidez.

autor desconhecido

ROTINA

Formavam um casal perfeito: bonitos, jovens, se amavam loucamente. Ele, não passava um dia sem vê-la, quase sempre empunhando uma rosa, sempre com juras de amor eterno. Ela, sempre suspirando, mal comia, pouco estudava; só pensava nele.

Namoraram muito, noivaram pouco e casaram cedo. Foi uma linda cerimônia, com a benção dos pais e do padre, seus rostos estavam radiantes de felicidade, tudo estava perfeito como num conto de fadas.

Mas o tempo que corrói até o ferro, corroeu aquele amor tão sólido, 8 anos e 10 quilos depois, os 2 que antes eram 1, agora são 5. Não há mais rosas, nem gracejos. Quando ensaiam algum carinho, são interrompidos por um anteprojeto de mulher que ainda omite e troca sílabas, reivindicando prioridade, enquanto o resto da prole brinca na rua em frente da casa.

As rugas e a gravidade evidenciam o passar dos anos, saudosos, lembram os devaneios da juventude, da paixão que sentiam, sentem falta da irresponsabilidade, do compromisso sem compromisso...

Quase não há diálogo, a conversa se restringe aos assuntos econômicos, aos parentes ou a algum programa de televisão. Ela mais falante, ele, limita-se aos monossílabos ou mudança de expressão facial.

Ele para manter seu status de macho, a procura uma vez por semana, e com o egoísmo que é peculiar aos homens nessa hora, satisfaz-se e dorme; ela permanece acordada, porém sonha. Revê um álbum antigo de fotografias, relê amareladas cartas de amor... Chora baixinho para não acordá-lo.

A zelosa dona de casa sufocou a bela mulher. Reprime os desejos, esconde as curvas com roupas largas e avental; os belos traços são ofuscados pela falta de cuidado com a pele e pela ausência de maquiagem. Os cabelos privilegiados vivem presos ou escondidos por algum tecido barato.

É quarta-feira, ela acorda cedo para ir à feira; prepara o café para o marido e as filhas; sai sem nenhum cuidado com a aparência, veste a primeira roupa que encontra, prende desleixadamente os cabelos, e sai. No caminho reflete sobre sua vida, seu pensamento divaga enquanto escolhe legumes, melancólica, deixa de lado os legumes e os pensamentos.

Volta-se para as compras; escolhe com cuidado cada item, lembra da banana prata para a filha caçula, da manga espada que o marido adora, da laranja para a filha do meio, do abacate para a vitamina da mais velha, só não lembra de si mesma.

Finaliza as compras. Com uma bolsa em cada mão, absorta, caminha vagarosamente entre as barracas. De repente desperta com uma voz masculina lhe oferecendo ajuda. Aceita; surpresa com a gentileza, principalmente vindo de alguém tão jovem.

No caminho percebe a malícia nos olhos daquele jovem. Sente-se constrangida e lisonjeada. Pensamentos obscenos povoam sua mente; sente-se incomodada, mas não consegue evitá-los. Emoções adormecidas despertam, fica ruborizada como uma adolescente diante do seu amor platônico.

Olha para o rapaz de soslaio, e repara os seus bíceps realçados pelo peso das bolsas, desce maliciosamente o olhar e percebe o abdômen bem definido; não consegue evitar a comparação com o do seu marido; dá um sorriso discreto. Os olhos insistem em continuar o percurso descendente, mas de súbito meneia a cabeça para o lado, como que condenando tal gesto.

Lembra-se que o marido está no trabalho e os filhos na escola, a cabeça chega a casa antes das pernas, e começa a imaginar cada ato: o rapaz levará as bolsas até a cozinha, ela pedirá para que ele aguarde enquanto pegará algum dinheiro para recompensá-lo. Ele recusará, dizendo que deseja outra forma de pagamento. Ela inocentemente se fará de desentendida, quando então o afoito mancebo a beijará súbita e ardentemente. Um carro buzina de repente despertando-a do seu devaneio.

Chegam enfim a casa, ela observa atentamente a vizinhança esperando não ver ninguém. E não viu. Cavalheiro, o rapaz leva as bolsas para a cozinha. Seguindo o script, ela pede que ele aguarde enquanto procura uma nota de cinco. O moço fica quieto como que aguardando a gorjeta. Fugindo ao planejado, ela não se contém; e de súbito avança beijando ardentemente o inexperiente mancebo, ainda imberbe. Ele corresponde.

Sem pensar nas consequências dos seus atos, ela arrasta o rapaz para o quarto, e empurra-o com força fazendo-o cair na cama. Diante da sua inexperiência, ele obedece subserviente. Aquela esposa recatada, cheia de pudores, dá lugar a outra mulher, capaz dos atos mais profanos.

Realizada ela vai para o banho enquanto o rapaz se veste desajeitado. Ela demora, ri sozinha debaixo do chuveiro, lembra com detalhes cada instante das duas últimas horas. Toca seu corpo como há muito não tocava; sente-se linda.

Sai do banho perfumada, seu rosto dá lugar a um sorriso embotado durante anos, volta correndo para os braços do seu novo amante. Ele não está. Chama por ele sem sequer saber seu nome, procura em vão por toda a casa. Ele se foi, e com ele seus sonhos e sua carteira com todo o dinheiro que tinha. Até os brincos de ouro com pérola que estava sobre o criado mudo ele levou.

Descontrolada; chora à cântaros, como uma garota impúbere que termina com o namorado. Pensa até em suicídio. Então lembra das filhas: do sorriso gostoso da mais nova, do carinho e dos beijos que recebe da outra, da mais velha que parece um artista de telenovela... Lembra até do marido. Recorda os bons momentos que viveram juntos.

Decide tentar esquecer o que ocorrera naquela manhã, embora tenha sido inesquecível. Não irá mais à feira, doravante comprará frutas e verduras no supermercado. Volta-se para o universo familiar, para a monotonia das tarefas de casa, o cuidado com as filhas e o marido; tudo como era antes.

Os anos passam rapidamente, e sua vida continua na mesma rotina. Ela e o marido comemoram bodas de prata, em um casamento de palha; sem fogo. E as filhas repetem a história.

CAPÍTULO 19

A coincidência é a forma que Deus tem para realizar anonimamente um milagre.

autor desconhecido

TUMULTO EM UM VELÓRIO

Era um velório como outro qualquer, o caixão de madeira escura e trabalhada aberto, o falecido inerte na posição tradicional, viúva e familiares chorando e sendo consolados por todos que chegavam.

As pessoas conversavam do lado de fora em pequenos grupos, formados por afinidades. Os jovens falavam de coisas alegres, os mais velhos refletiam e conjeturavam sobre a vida, outros ficavam quietos tentando entender a morte.

Uma mulher obesa e que não perdia um velório, chorava sem sequer conhecer o falecido, uma velhinha bem intencionada porém sem bom senso indagava a viúva sobre como ocorrera a tragédia.

Um grupo de jovens; amigos das filhas do falecido, sem reverência e respeito gargalhavam do lado de fora contando piadas.

As horas foram passando, muitos foram para casa, mas ainda havia um bom número de pessoas que venciam o sono e o cansaço com solidariedade e coca cola.

Era madrugada, a viúva dormia sedada e sentada bem junto do grande amor de sua vida, recostada na parede perto da urna.

Havia um silêncio lúgubre naquela capela, as pessoas que conversavam, falavam baixinho. Lá pelas 3 horas da manhã, quase todos cochilavam e não perceberam quando um pardal caiu ao lado do defunto, de um ninho feito no telhado.

O barulho da queda despertou os que estavam mais próximo do ataúde, criando um grande alvoroço com gritos e correria, pois ouviram um barulho dentro do caixão, e viram as flores que ladeavam o defunto se mexendo.

Assustados alguns corajosos entraram na sala para ver o que acontecera, mais logo saíram correndo ao ver que o morto estava se mexendo, fazendo com que algumas flores caíssem para fora do caixão.

Com o susto todos correram; até as filhas deixaram a mãe sedada e saíram em disparada, não ficou ninguém no recinto, somente o morto, a viúva dormindo sob o efeito dos remédios, e o assustado pardal tentando se desvencilhar das flores e daquele gélido e estático corpo que o apertava.

Com muito esforço o pequeno pássaro conseguiu sair daquela situação incômoda, e voltou rapidamente para o seu ninho.

Todos saíram assustados com o ocorrido e sequer lembraram que a viúva ficara para trás anestesiada pelos sedativos.

Não muito depois a viúva acordou, levou um grande susto e não entendeu nada: a sala antes lotada, agora vazia, algumas flores espalhadas pelo chão, e o falecido com o cabelo desarrumado e sem o algodão no nariz.

CAPÍTULO 20

Um amigo verdadeiro não te visitará na prosperidade a menos que o convides; mas quando estás na adversidade, visitar-te-á sem ser convidado.

autor desconhecido

FUNCIONÁRIO PÚBLICO

São 8 horas quando Jorge acorda. Acorda cansado; escova os dentes com pressa, o espelho reflete seu rosto estressado. Arruma-se rapidamente, toma de pé uma xícara de café com leite, mastiga apressado um *cream cracker*, e sai.

Dirige atento e apressado, tenta uma ultrapassagem impossível, volta para a faixa, buzina, gesticula, fala sozinho... O sinal fecha, o carro para e seu pensamento voa.

Chega enfim no seu trabalho, mal cumprimenta os colegas, vai para seu setor e inicia a entediante rotina, se acomoda desajeitado na cadeira, reclama da mobília e da escoliose; repete como um robô cada tarefa, sua mente viaja enquanto carimba e arquiva documentos. Os colegas ao lado conversam animados enquanto trabalham. Ele não dá um sorriso, isola-se como um eremita.

A temperatura está boa, ele porém reclama como se estivesse na "andropausa", se abana esbaforido com um leque feito com um relatório. Limpa as grossas lentes e protesta pela baixa luminosidade da sala bem iluminada.

O telefone toca e ele já reclama antes mesmo de atender. Atende demonstrando irritação pelo incômodo. Responde secamente as indagações do cliente do outro lado da linha, e ao desligar põe o aparelho com força no gancho.

Um colega se aproxima, e Jorge logo imagina que este lhe pedirá algum favor. Recebe-o com expressão gélida. Não era o que ele imaginava; mas mesmo assim não muda a expressão facial.

Trabalha o dia inteiro emburrado, olhando para o relógio constantemente torcendo para os ponteiros girarem mais rápido e o expediente acabar. O relógio não obedece, e o dia parece ainda mais longo.

À tardinha, após o expediente, abre a pasta para pegar a agenda. É dia de pagamento, Jorge faz as contas, confere canhoto do cheque, separa os boletos e carnês, blasfema, reclama do salário, do chefe, da empresa, do Presidente, do país...

Sente-se mal, começa a suar frio e sentir dores abdominais. Entra correndo no banheiro. Ninguém nota sua ausência, nem sua presença, até ser encontrado caído no chão: infartou aos 35 anos.

CAPÍTULO 21

Na vida o pior fracasso é não ter feito a tentativa.

autor desconhecido

ESPELHOS TAMBÉM MENTEM

Ontem me assustei ao olhar no espelho. Havia um cara olhando prá mim, um cara que não era eu, pelo menos era diferente da visão que tenho de mim mesmo; era alguém mais velho, testa comprida, rosto sofrido, olhos tristes e inexpressivos.

Saí dali procurando esquecer aquela imagem, e lutando contra um fundamento da Física que diz que espelhos planos produzem uma imagem com as mesmas características do objeto. No caso; eu.

Querendo derrubar as leis da Óptica voltei prá frente do espelho; mas lá estava o mesmo cara olhando prá mim tentando me convencer que aquela imagem apesar de virtual, não estava distorcida.

Olhei para a imagem toda, não era eu; aquele reflexo era mais baixo e mais largo. Fiquei de perfil, quando então tive plena convicção de que espelhos também mentem. Imagina se eu tenho aquela barriga! Saí dali convencido de que o espelho se equivocara.

Para sedimentar minha convicção perguntei a minha esposa como ela me via, se eu havia mudado muito: sua resposta me deixou aliviado. Descobri que as esposas são mais verdadeiras que os espelhos.

Hoje olhei novamente para o mentiroso, mas não dei bola prá ele. Espelho é frio, metálico, chato, plano; sem vida e sem coração; só olha para a aparência das pessoas, para a casca, para o exterior, e consequentemente só reflete isso.

Bom mesmo é olhar para a esposa! Ela não vê apenas essa imagem que a luz projeta, ela vê outra imagem; aquela que verdadeiramente é real, aquela que os espelhos não conseguem mostrar. Esposa vê o homem interior, que ama; que respeita; que é companheiro; e esse, como um bom vinho; só melhora com o tempo.

CAPÍTULO 22

Minha identidade é baseada no que eu não sou.

autor desconhecido

ALARME FALSO

Poucas coisas na vida deixam Paulo impressionado, pois ao longo dos anos ele desenvolveu a capacidade de digerir as coisas ruins que lhe acontecem. Contudo após três assaltos ao Banco em que trabalha, adquiriu certa paranoia com relação a esse assunto.

Era um dia como outro qualquer, ele entrou apressado pela porta de correr que teve que abrir, e antes de passar pela porta giratória deparou-se com uma cena suspeita: na sala onde ficam as máquinas com dinheiro viu o tesoureiro e um sujeito desconhecido e mal encarado.

De imediato, graças ao seu *background*, percebeu que era um assalto, e num gesto impensado e automático deu meia volta e saiu. Para justificar sua atitude, disse em voz alta: "vou à padaria".

Do lado de fora, ficou inerte e os pensamentos se conflitavam em sua cabeça que doía como nunca. Verificou se havia algum carro com placa de outro Estado, algum sujeito estranho nas imediações.

Andava de um lado para outro pensando no que fazer. De repente teve a ideia de olhar a parte dos fundos da agência, onde fica a cozinha, se a servente estivesse lá era sinal de que estava tudo bem.

Por um momento ficou aliviado ao ver que a servente estava lá, contudo ela abriu apressadamente a janela e fez sinal com a mão para que ele saísse dali.

Desesperado decidiu chamar a polícia; mas mudou de ideia ao pensar na segurança dos que estavam lá dentro. Andou atordoado de um lado para outro por quase uma hora.

Um pouco mais calmo, Paulo resolveu voltar para agência e verificar se havia mais alguma evidência de que realmente estava havendo um assalto. Ao chegar perto da porta, deparou-se com os tesoureiros conversando tranquilamente na calçada do lado de fora.

Entre espanto e curiosidade perguntou afoito como eles haviam escapado dos ladrões, quando então foi informado que o sujeito mal encarado que estava dentro da agência era um segurança novo que trabalhava sem farda.

Entrou correndo no banco, e indignado inquiriu a servente sobre o desesperado sinal que lhe dera pela janela. Ela sem entender sua irritação, disse trêmula que apenas abriu a janela para limpá-la, e o gesto interpretado como sinal de fuga, nada mais era senão o movimento das suas mãos esfregando o vidro.

No dia Paulo ficou se sentindo um idiota, e nem gostava de tocar no assunto. Hoje, ele dá risadas da sua paranoia; mas ao entrar no banco, continua procurando algum suspeito, algum carro com placa de outro Estado... "Seguro morreu de velho".

CAPÍTULO 23

A virtude sem amor nos deixa duros.
A fé sem amor nos faz fanáticos.
O poder sem amor nos deixa brutais.
O dever sem amor faz de nós criaturas mal-humoradas.
A disciplina sem amor nos amesquinha

autor desconhecido

A MENTIRA TEM PERNAS CURTAS

Era um dia como outro qualquer no Setor em que trabalho: a pequena sala de espera lotada de clientes, um homem rude e impaciente reclamando da demora no atendimento falava alto querendo chamar atenção; uma senhora que normalmente ocultaria a idade, mas diante da situação, reivindicava prioridade por ter mais de 60 anos, uma granfina envergonhada por estar no setor de empréstimos não tirava seus grandes óculos escuros como que não querendo ser reconhecida... Enfim; um dia normal no Setor.

Para passar o tempo alguns liam revistas velhas de futilidade, procurando alguma fofoca da vida de algum artista ou ver as roupas que estão na moda. Outros, roendo as unhas, aguardavam ansiosos chamar a senha.

O programa do computador não ajudava muito, demorava um século para mudar de página, às vezes saindo do ar na hora de imprimir o contrato. A impressora imprimia lentamente cada página.

De repente, uma jovem morena um pouco acima do peso, com calça clara bem colada ao corpo, chamou o vigilante e pediu prioridade por estar grávida, embora não parecesse. Os outros clientes percebendo a farsa protestaram.

Logo surgiram outras grávidas sem barriga alguma, outros com consulta médica marcada para aquele horário, uma jovem solteira disse que o marido estava internado, uma falsa loira de voz melosa que para ser atendida logo, sempre tinha um parente falecido naquele dia, desta vez por falta de parente para matar, simulou um desmaio... Todos tinham um motivo importante para ser o próximo a ser atendido.

Ignorando os falsos motivos, continuei seguindo a ordem da senha. Chegou a vez da falsa grávida; porém quando ela levantou o guarda ficou desesperado, pois ela deixou um rastro de sangue pelo chão. Assustado ele a segurou pelo braço tentando ajudá-la a sentar-se para que ela não perdesse o bebê; que não existia. Envergonhada ela assumiu não estar grávida, mas era a menstruação que adiantara. Constrangido, chamei A moça da limpeza para passar um pano molhado no chão e perguntei se a cliente desejava ir ao banheiro. Ela ruborizada, não ousava se levantar.

A monotonia daquela terça-feira fora quebrada. Alguns alfinetavam dizendo: "Quem mandou inventar que está grávida", outros ficaram com dó da pobre moça, outros seguravam o riso. Foi um comentário só.
A moça foi embora cabisbaixa, e chamei a senha seguinte. Tudo voltou ao normal: gente conversando alto sobre a novela das oito, sobre política, sobre futebol, outros reclamando da demora no atendimento.

Quando achei que não aconteceria mais nada de diferente, fui surpreendido por uma senhora aparentando uns 50 anos que chegou esbaforida ao lado do meu guichê. Alegando uma cirurgia recente, ela insistia em ser atendida na frente de todos que já aguardavam há vários minutos. Recusei apontando para os demais clientes, que a essa altura já estavam impacientes.

Acostumado com os espertalhões que todos os dias tentam furar a fila inventando uma desculpa, tentei me esquivar dizendo que acreditava nela, porém as pessoas ali não acreditariam, pois ela estava com uma aparência muito boa e saudável; e certamente eles brigariam comigo.

A mulher ficou quieta por um instante, e de repente saiu do lado do meu guichê e foi para frente, creio que percebeu a minha desconfiança, então disse em tom autoritário: - Você não crê que estou operada? E num gesto inusitado levantou a saia mostrando um curativo enorme na região do abdômen.

Diante da constatação de que ela estava falando a verdade, meio sem graça com aquela atitude; atendi imediatamente desejando uma rápida recuperação da sua cirurgia.

CONSIDERAÇÕES FINAIS

Este livro, apesar de ser o terceiro que publico, tem um sabor especial para mim. Primeiro porque é um projeto desvinculado de qualquer editora, o que me deu mais liberdade na sua tecitura e na sua formatação.

Em segundo lugar, porque boa parte dessas crônicas foram lidas por pessoas cuja crítica tem relevância para mim, e a crítica foi favorável.

E por fim, porque algumas delas (quatro), foram premiadas em concursos do gênero, tanto a nível local, como nacional.

O autor.